Esprit Fantômes

Novélisation : Vanessa Rubio.

Hachette Livre, 43, quai de Grenelle, 75015 Paris.

Esprit Fantômes

Le Secret des marionnettes

HACHETTE

Il était une fois, tout au
fond des bois,
un étrange manoir...
Avec ses tours biscornues
et son toit tout pointu,
on dirait...
une maison HANTÉE !
Mais, rassurez-vous,
ses habitants
ne sont pas méchants.
Pas de monstres,
de vampires ou
de loups-garous,
juste une famille
un peu farfelue...

Laissez-moi vous présenter
grand-mère Agathe.
C'est une mamie un peu spéciale,
car sa passion, ce n'est pas
le tricot, ni les mots croisés...
Non, pas du tout :
grand-mère Agathe adore la magie.
Elle a jeté sa télé par la fenêtre
car elle voit beaucoup plus de
choses dans sa boule
de cristal : le passé, le futur
et ce qui se passe à l'autre
bout du monde.

Alice, elle, n'habite pas dans le manoir, mais elle vient souvent rendre visite à grand-mère Agathe, sa meilleure amie. C'est une sorcière, mais attention ! une gentille sorcière.

Pendant que les deux amies font de la magie, grand-père Hercule bricole dans son grenier. Il fabrique des machines qui ne marchent jamais... et finissent en général par exploser !

Le manoir serait bien triste sans Tobi, Toc-toc et Désastre ! Ces trois drôles de petits fantômes ne font que des bêtises. Tobi est le plus curieux. Désastre est le plus peureux. Et Toc-Toc est le plus fou-fou ! Grand-mère Agathe les a rencontrés en se promenant dans un cimetière et elle les a adoptés : maintenant, ce sont comme ses propres enfants.

Et enfin voici Jaz,
le petit-fils d'Agathe
et Hercule. Il travaille
dans la police :
le commissaire Doug fait
appel à lui pour éclaircir
des mystères… très
mystérieux.

Ah, j'allais oublier ! Quand Jaz a des ennuis, il demande de l'aide à son amie Lucie. Comme elle est journaliste, elle est toujours au courant de tout. Ensemble, ils forment une équipe de choc qui résout les énigmes les plus énigmatiques !

Chapitre 1

Le thé est servi !

Cet après-midi, le manoir est très calme. Il n'y a pas un bruit, à part un léger ronflement : Toc-Toc fait la sieste sur un gros coussin, assommé par la chaleur. Grand-mère Agathe est en train de lire le journal, confortablement installée dans le canapé. Quant à son amie Alice, la gentille sorcière, elle sirote une tasse de thé.

— Il est vraiment délicieux, ce thé à la citrouille ! s'exclame-t-elle.

— Mmm..., murmure grand-mère Agathe.

— C'est le parfum que je préfère, après le thé aux orties, bien sûr !

— Mmm..., répète grand-mère Agathe.

Alice commence à s'énerver :

— Ta conversation est vraiment passionnante, Agathe.

— Mmm...
— Il n'y a pas à dire, c'est un réel plaisir de prendre le thé avec toi.
— Mmm...
— Tu es aussi agréable qu'un poisson mort !
— Mmm...

Cette fois, Alice se met à hurler :
— Agatheuh, tu m'écouteuh, nom d'un crapaud baveux !
Grand-mère Agathe sursaute.
— Hein ? Quoi ? Oh, excuse-moi, Alice. Je suis en train de lire le journal.
— Pourquoi ? Qu'est-ce qu'ils racontent d'intéressant ? On a inventé une formule magique pour trouver l'amour de sa vie ?
Agathe hausse les épaules.
— Mais non, Alice ! Je me tiens au courant des nouvelles de la ville, c'est tout.
— Bah, il ne se passe jamais rien par ici, de toute façon, bougonne

la sorcière. De mon temps, il n'y avait pas un jour sans que je change une citrouille en carrosse !
Elle se lève de son fauteuil pour faire quelques pas de danse au milieu du salon.
— Les sorcières avaient

beaucoup de travail, à l'époque. Il fallait transformer les guenilles en robe de bal, changer les crapauds en prince charmant ! Ah, c'était le bon temps, soupire-t-elle.

Agathe fronce les sourcils, derrière ses petites lunettes.

— Dis donc, Alice, tu ne deviendrais pas un peu râleuse en vieillissant, par hasard ?

Et sur ces bonnes paroles, elle se replonge dans sa lecture.

Alice est rouge d'indignation.

— Râleuse, moi ? Ça, c'est un peu fort ! Quand je pense que...

Mais, brusquement, Agathe l'interrompt :

— Oh, ce soir, il y a un spectacle de marionnettes !

Marionnettes : c'est le mot magique qui tire Toc-Toc de sa sieste.

— Des ma-ma-marionnettes ! Où ça ?
— Au théâtre de la ville, répond grand-mère Agathe. Mais tu sais bien qu'on ne peut pas t'y emmener.
Sourcils froncés, Toc-Toc proteste :

— Et pourquoi, d'abord ?
Grand-mère Agathe le prend sur ses genoux pour lui expliquer :
— Parce que tu es un fantôme, mon chéri. Tu risquerais de faire peur aux gens.
— C'est pa-pa-pas drôle !
Alice la sorcière saute de joie.
— Mais nous, on n'est pas des fantômes, alors on peut y aller.
— Et qu'est-ce que je vais faire, moi ? demande Toc-Toc.
— Tu vas rester avec Hercule et Désastre, ils sont en train d'essayer une nouvelle invention dans le labo.
Toc-Toc croise les bras, il boude.

— Et To-to-tobi, où il est ?

— Il a accompagné Jaz au commissariat, ce matin. En promettant de rester caché, bien sûr.

— Pff, c'est tro-tro-trop injuste ! soupire Toc-Toc. Moi, je dois rester ici, et je m'ennuie !

Agathe et Alice ont décidé d'aller voir un spectacle de marionnettes. Toc-Toc est très déçu, car il aurait aimé les accompagner. Mais ce n'est pas possible : le petit fantôme risquerait de faire peur aux gens !

Chapitre 2

Un mystérieux cambriolage

Pendant que Jaz travaille à son bureau, au commissariat, Tobi joue sur l'ordinateur. Soudain, on frappe à la porte ; vite le petit fantôme file se cacher dans la corbeille à papier.

— Ah, mon petit Jaz ! s'exclame le commissaire Doug en entrant dans la pièce. J'ai une enquête urgente à vous confier.

— Que se passe-t-il, cher commissaire ?

— Il y a eu un cambriolage à la bijouterie Belor. Diamants, colliers, bagues : tout a disparu !

— On a une piste ? demande Jaz.

Le commissaire secoue la tête.

— Aucune, hélas !

— Bien, j'y vais tout de suite, commissaire. Je suis sûr que le voleur a laissé un indice sur

place. Ces bijoux n'ont pas pu s'envoler comme par magie !
Arrivé devant la bijouterie Belor, Jaz fait promettre à Tobi de se tenir tranquille.
— Tu restes dans la voiture, compris ?
Tobi lève la main en jurant :

— Parole de fantôme ! Mais avant, tu veux bien m'offrir une glace ?

— D'accord, mais je ne veux pas te voir dans la bijouterie.

Tobi hoche la tête. Après lui avoir rapporté un cornet à la vanille, Jaz pousse la porte de la bijouterie.

— Bonjour, madame. Je suis l'inspecteur Jaz.

— Oh oui ! Je vous attendais. C'est terriiiible !

Mme Belor est dans tous ses états. Elle montre à Jaz les vitrines brisées... et vides ! Il n'y a plus un seul bijou.

— Je ne comprends pas ce qui a pu se passer... L’alarme aurait dû se déclencher ! se lamente-t-elle.

— Vous êtes sûre qu’elle était bien branchée ?

— Vous croyez que je perds la tête ? Évidemment, je l’allume

tous les soirs avant de partir. Tenez, on va faire un essai.

La dame appuie sur un bouton et, aussitôt, des rayons rouges quadrillent toute la bijouterie, comme un filet de pêche.

— Effectivement, il faudrait être acrobate pour réussir à passer sans la déclencher, constate Jaz.

En se penchant pour examiner une vitrine brisée, il trébuche légèrement... et déclenche l'alarme.

— Oups !

Aussitôt une sirène se met à hurler : Tiiiou-Tiiiou-Tiiiou !

Jaz se bouche les oreilles.

— Ah, vous voyez, qu'elle fonctionne, mon alarme ! s'exclame Mme Belor en s'empressant de l'arrêter.
— Oui, sans aucun doute, confirme Jaz. Et il n'y a pas d'autre accès, à part la porte ?
— Aucun, sauf le conduit de

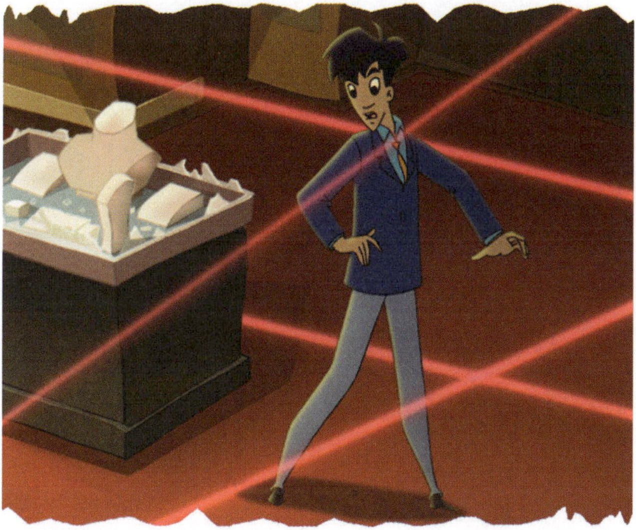

ventilation, mais je ne vois pas qui pourrait passer par là. À part un enfant, peut-être ! affirme la dame.

Au même instant, en levant le nez pour examiner la grille d'aération, Jaz aperçoit Tobi qui vole près du plafond ! Il observe la scène, son cornet de glace à la main.

Jaz lui fait les gros yeux.

— Hum... Un enfant ou un fantôme peut-être !

— Ne plaisantez pas, inspecteur ! Je ne suis pas d'humeur à rire, soupire Mme Belor.

Juste à ce moment-là, elle reçoit une goutte de crème glacée sur le nez.

— Qu'est-ce que c'est que ça ? Un indice peut-être ?

Jaz toussote, embarrassé :

— Hum ! Non, ça doit être un

problème de climatisation. Il fait très chaud dehors, vous savez. Bien, je pense que j'en ai assez vu. Je vous rappelle dès que j'ai du nouveau, madame Belor. Au revoir !

Une fois dans la voiture, Jaz se met en colère :

— Tobi, tu m'avais pourtant promis de rester ici !

— Oui, mais j'avais trop chaud. Et puis ma glace commençait à fondre au soleil !

Jaz soupire :

— Si c'est comme ça, je ne t'emmènerai plus jamais avec moi au travail !

Tobi prend l'air vexé.

— Mais tu as besoin d'un assistant pour mener l'enquête sur le lieu du crime !

Jaz ne peut s'empêcher de sourire.

— Et alors ? demande-t-il. Que pense mon cher assistant de cette affaire ? Parce que j'avoue que je n'y comprends pas grand-chose.

— Eh bien, je dirais que le voleur est un fantôme.

Jaz éclate de rire.

— Et pourquoi ça ?

— Parce qu'il n'y a qu'un petit fantôme comme moi qui aurait pu entrer dans cette boutique et voler les bijoux sans déclencher l'alarme !

Jaz a l'air pensif.

— Effectivement, le voleur est sûrement tout petit, très habile et capable de se faufiler partout. Tiens, tiens, c'est peut-être un début...

Un cambriolage a eu lieu à la bijouterie Belor. Jaz mène l'enquête, mais il n'a aucune piste. Comment le voleur a-t-il pu entrer et dérober les bijoux sans déclencher l'alarme ? Mystère... Le malfaiteur est-il un fantôme ?

Chapitre 3

Une nouvelle marionnette

Au même moment, une petite silhouette vert pâle se glisse hors du manoir. Puisque grand-mère Agathe ne veut pas l'emmener au spectacle, Toc-Toc a décidé d'aller voir les marionnettes tout seul !

Il file, file comme le vent jusqu'à la ville. Heureusement, pour trouver son chemin, il n'a qu'à suivre les affiches qui annoncent le spectacle : entre deux rideaux rouges, on voit Pierrot dans son habit noir et blanc, avec son amie Colombine. Ça a l'air super !
Bientôt, le petit fantôme arrive devant un grand bâtiment blanc et rose : le théâtre !
Il se faufile à l'intérieur par l'entrée des artistes, ni vu ni connu. Personne dans le couloir, personne non plus dans les coulisses...
Toc-Toc pousse alors la porte de la loge.

Oh ! Il y a plein de marionnettes assises sur des étagères, du sol au plafond !
Toc-Toc est émerveillé :
il reconnaît tous les personnages des histoires que grand-mère Agathe lui a racontées.
Bien sûr, il y a Pierrot et

Colombine, mais aussi Arlequin, dans son costume à carreaux multicolores.

Et cette dame qui a une belle robe, ce doit être une princesse.

Et celui-ci avec son drôle de chapeau et son bâton à la main, c'est sûrement Guignol.

Toc-Toc fait le tour de la loge pour admirer toutes les marionnettes. Elles ne bougent pas, elles ont les yeux fermés, on dirait qu'elles sont endormies.

— Tiens-tiens-tiens, mais qu'est-ce que c'est que ça ?

Le petit fantôme s'approche d'un bocal plein de bonbons.

— Mia-mia-miam ! Justement, j'avais un petit creux !
Il en avale un, puis deux... et, peu à peu, il se met à rétrécir. Il devient aussi petit qu'une marionnette.
Mais Toc-Toc s'en fiche, il s'amuse drôlement bien.

— Oh, su-su-super ! Il y a même des déguisements !

En effet, les beaux costumes des marionnettes sont suspendus sur des cintres.

Toc-Toc choisit une cape, un grand chapeau et une épée, puis il se regarde dans le miroir.

— En garde, Toc-Toc-Toc ! dit-il à son reflet.

Mais soudain il entend des pas dans le couloir. Voilà quelqu'un qui vient !

Vite, le petit fantôme s'assied sur une étagère, parmi les marionnettes. Il est aussi immobile qu'une statue.

Un vieux monsieur avec une grosse moustache blanche entre dans la pièce. Il a l'air gentil, il ressemble un peu à grand-père Hercule.

— Bonjour, mes petits chéris ! s'écrie-t-il. Vous avez bien dormi ?

Il serre Colombine dans ses bras et dépose un baiser sur son front.
— Allez, ma douce, il faut te réveiller. Il est temps d'aller travailler. La répétition va bientôt commencer.
Et là, surprise ! La marionnette s'anime, elle bat des paupières,

bâille et s'étire. Toc-Toc n'en croit pas ses yeux : Colombine est vivante ! Elle bouge toute seule. Elle parle même !

— Bonjour, Papi Barzini ! dit-elle d'une voix douce.

Elle flotte dans les airs... exactement comme un fantôme !

Le vieux monsieur la repose tendrement sur l'étagère. Puis il prend Toc-Toc entre ses mains.

— Tiens, mon beau Cyrano, tu es là ? Je t'avais presque oublié ! Tant mieux, tu vas répéter le spectacle avec nous.

Toc-Toc a décidé d'aller tout seul au théâtre. Dans les coulisses, il a mangé un étrange bonbon qui l'a fait rétrécir... Maintenant, le marionnettiste veut qu'il fasse partie de son spectacle !

Chapitre 4

Où est passé Toc-Toc ?

Grand-mère Agathe s'est aperçue que Toc-Toc avait disparu. Elle le cherche dans tout le manoir.

— Toc-Toc, où es-tu ?

Alice l'appelle aussi :

— Toc-Toc, nom d'un crapaud poilu, où te caches-tu ?

Mais le petit fantôme n'est ni dans la cuisine, ni dans le salon... Paniquées, Agathe et Alice montent dans le grenier, où Hercule a installé son labo.

— Dis, mon chéri, tu n'aurais pas vu Toc-Toc par hasard ?

— Agathe ! Ferme la porte ou la poule va s'échapper ! crie grand-père Hercule.

— Une poule, quelle poule ? demande Alice.

Désastre montre du doigt une énorme poule. Elle est presque aussi grosse qu'un chien.

— Mais elle est monstrueuse ! s'exclame Alice.

— Tu t'es regardée ? réplique Hercule.

— Oh non, vous n'allez pas commencer, tous les deux ! les coupe Agathe. Désastre, tu peux me dire ce que cet animal fait ici ?

Le petit fantôme devient tout rouge.

— Euh... c'est qu'on voulait essayer la machine de grand-père. Alors on a pris un œuf et, avec le rayon à rétrécir, il devait devenir aussi petit qu'un œuf de fourmi...

— Et alors ? demande Agathe.

— Ben, l'œuf, il s'est changé en poule. En grosse, grosse poule ! explique Désastre.

Grand-père Hercule toussote :

— Hum, oui, bon... C'est juste une question de réglage. Cette machine fonctionne parfaitement !

— C'est ça ! se moque Alice. Essaie encore, tu réussiras peut-être à transformer cette poule en avion !

Grand-mère Agathe soupire :

— Bon, tout ça ne nous dit pas où est passé Toc-Toc. Je suis très inquiète...

— Bah, tu te fais du souci pour rien. Il doit être en train de jouer dans le cimetière, suggère grand-père Hercule.

— Je vais voir si je le trouve, propose Désastre.

— Merci, mon petit chéri.

— Mais euh... Grand-mère, tu peux m'accompagner ? J'ai peur d'y aller tout seul...

— Je viens avec toi ! décide Alice.

Et sur ce, elle ouvre la porte du labo.

— Non, attention ! hurle Hercule. La poule va s'échapper...

Trop tard !
COT-COT-CODEC ! L'énorme volatile dévale les escaliers en semant ses plumes un peu partout.
Hercule se lance à sa poursuite.
— Vite ! Il faut la rattraper ! J'en ai besoin pour mes expériences !

Agathe lève les yeux au ciel.
— Oh, Hercule ! Tu me fatigues ! Je vais appeler Jaz pour le prévenir. Il saura peut-être où chercher Toc-Toc...
Aussitôt, elle redescend dans le salon pour téléphoner.
— Allô, Jaz ? C'est grand-mère

Agathe. Je suis très inquiète. Toc-Toc a disparu.
— Ah bon ? Et depuis quand ?
— La dernière fois que je l'ai vu, c'était à l'heure du thé. Ensuite, il s'est volatilisé !
— Écoute, grand-mère, ne t'inquiète pas. Tobi et moi, on arrive !
— Ah, merci, mon petit Jaz, je sais que je peux toujours compter sur toi !

Agathe et Alice cherchent Toc-Toc dans tout le manoir, mais impossible de retrouver le petit fantôme ! Où est-il passé ?

Chapitre 5

Toc-Toc fait du théâtre

Pendant ce temps, au théâtre, Toc-Toc répète le spectacle avec les autres marionnettes, mais c'est très difficile ! Le petit fantôme n'arrive pas à se rappeler ce qu'il doit dire. Papi Barzini s'exclame :

— Fais un effort, Cyrano. Essaie de te souvenir de ton texte.

La jolie marionnette de Colombine s'approche de Toc-Toc pour lui expliquer :

— Tu vois, Cyrano, tu décris ton long nez. Tu dois dire : « C'est un pic, c'est un cap, c'est une péninsule ! »

— Ah, da-da-d'accord. Ça pique, cette cape, c'est un drôle de bidule ! s'écrie-t-il avec un grand mouvement de cape.

Le vieux marionnettiste enfouit son visage dans ses mains.

— Non, non, non ! Ça ne va pas du tout !

Toc-Toc, tout gêné, fait un bisou à Colombine pour se faire pardonner.
Sur la scène, Pierrot n'a pas l'air content. Les poings sur les hanches, il proteste :
— Arrête de faire le clown, Cyrano ! Sinon on ne sera jamais

prêts pour le spectacle de ce soir !
Soudain, une porte s'ouvre dans le fond du théâtre, un grand homme brun vient s'asseoir à côté du vieux marionnettiste.
— Tu devrais faire plus attention, Barzini ! gronde-t-il d'une voix menaçante.
N'importe qui pourrait entrer et voir que nos marionnettes n'ont pas de fils !
— D'accord, Mattéo, mais il faut bien qu'on répète le spectacle quand même !
L'autre hausse les épaules, puis s'approche de la scène :
— Qui c'est, celui-là ?

Toc-Toc le salue en ôtant son chapeau.

— Toc-Toc, pour vous servir !

— Ah, ça oui, t'es complètement toc-toc ! s'exclame Pierrot.

— Chut, mes enfants, ne vous disputez pas.

Papi Barzini prend Toc-Toc dans

ses bras pour le montrer au grand homme brun.

— Cyrano, je te présente mon associé, Mattéo. Cyrano est un petit coquin, il préfère faire des pirouettes plutôt que d'apprendre son texte.

— Alors il va venir avec moi, ce soir, décide Mattéo.
— Mais... et le spectacle ? proteste le marionnettiste.
L'autre agite la main, agacé.
— Tu viens de dire qu'il ne connaissait pas son texte. Il sera plus utile à mes côtés. J'ai besoin d'un assistant très habile pour ma mission secrète de ce soir.
— Quelle mission secrète ? s'étonne Papi Barzini.
— Je t'ai déjà dit de ne pas poser de questions. Allez, viens, Cyrano !

Toc-Toc n'est pas très doué pour le théâtre, mais Mattéo, l'associé de Papi Barzini, veut lui confier une mission secrète. Le problème, c'est qu'il n'a pas l'air très gentil…

Chapitre 6

La « mission secrète »

Le soir, pendant que les marionnettes font leur spectacle au théâtre, Mattéo emmène Cyrano (ou plutôt Toc-Toc) avec lui à l'autre bout de la ville. L'associé de Papi Barzini a une grande valise à la main et il fait

— Moi, j'aurais préféré des bonbons !
— Arrête de râler, maudite marionnette ! Si tu réussis ta mission, tu auras des bonbons.
— Chic ! Alors, c'est quoi, ma mi-mi-mission ? demande le petit fantôme.
Mattéo tend la main pour lui montrer une sorte de gros tuyau qui rentre dans le mur.
— Tu vas passer par ce conduit d'aération pour pénétrer dans la banque. Il donne directement dans le coffre-fort. Tu n'auras qu'à remplir cette valise de beaux billets et me la rapporter. Compris ?

Toc-Toc se gratte le menton. C'est bizarre, cette histoire... Enfin, s'il y a des bonbons à gagner dans l'affaire, ça vaut le coup d'essayer. Il hoche la tête.

— Compris. Mais, moi, j'ai pas besoin de passer par le tuyau-yau-yau !

Le petit fantôme prend la valise et hop ! il fonce à travers le mur, comme seuls les petits fantômes savent le faire.

Mattéo le regarde disparaître à l'intérieur de la banque, les yeux ronds.

— Ça alors, sacrée marionnette !

Cinq minutes plus tard, Toc-Toc est de retour, une valise bien remplie à la main.

Mattéo l'ouvre pour caresser les billets.

— Parfait, parfait. Bon travail, mon petit.

Il la referme d'un coup sec.

— Allons-y, mieux vaut ne pas traîner par ici.
— Hé, une minute ! proteste Toc-Toc. Et mes bon-bonbons, alors ?
— On n'a pas le temps, réplique Mattéo. Je te les donnerai la prochaine fois.

— Tu m'avais promis des bonbons ! T'es qu'un menteur !
Le petit fantôme, furieux, s'empare de la valise et s'envole.
Sur le trottoir, Mattéo saute en l'air pour essayer de l'attraper.
— Reviens, saleté de marionnette !

Mais Toc-Toc ne veut rien entendre. Il se retourne une dernière fois pour lui tirer la langue avant de filer haut, haut, au-dessus des toits.

— Reviens, reviens ! supplie Mattéo. Tu vas les avoir, tes bonbons !

Mais le petit fantôme ne l'entend plus, il vole à toute allure dans le ciel.

Mattéo a demandé à Toc-Toc de pénétrer dans une banque pour y voler des billets. Mais Toc-Toc s'est enfui avec le butin…

Chapitre 7

Conseil de famille

Au manoir, toute la famille est rassemblée dans le salon : c'est bientôt l'heure du dîner, et Toc-Toc n'est toujours pas rentré ! Grand-mère Agathe fait les cent pas. Désastre la tire par la manche pour essayer de la faire asseoir.

— Arrête, grand-mère, tu me donnes le tournis !

— Mais on a fouillé tout le manoir, et Toc-Toc reste introuvable !

Jaz, qui vient d'arriver, demande :

— Vous avez regardé dans sa cachette préférée ?

— Oh, je sais où c'est, je vais voir ! s'écrie Tobi.

Il regarde dans tous les tuyaux de l'orgue, l'un après l'autre : pas de Toc-Toc.

Hercule compte sur ses doigts :

— On a vérifié dans la réserve à

bonbons, dans le frigo, dans la machine à laver...
Alice complète :
— Il n'était pas au cimetière non plus. Ouh, cette histoire sent l'haleine de crapaud !
Agathe lui lance un regard noir.
— Merci de nous rassurer, Alice.

Jaz tente de les calmer.
— Bon, ça ne sert à rien de paniquer...
Et juste au moment où il prononce ces mots, la porte du manoir s'ouvre...
— Toc-Toc !
Tout le monde veut serrer le petit fantôme dans ses bras... et lui poser des questions :
— Mon chéri ! Où étais-tu passé ?
— C'est quoi, cette grande valise, nom d'un crapaud qui frise ?
— Mais t'es tout p'tit ! Qu'est-ce qui t'est arrivé ?
Le pauvre Toc-Toc ne sait pas par où commencer.

— Je suis allé au thé-thé-théâtre et j'ai répété sur la scène avec les marionnettes.

Tobi est drôlement impressionné.

— Waouh ! Tu as joué dans le spectacle ?

— Non, parce que Mattéo,

l'assistant de Papi Barzini m'a emmené en mission pour que je prenne des billets dans un co-co-coffre.

Jaz se lève d'un bond.

— Mais comme il voulait pas me donner mes bonbons, je lui ai pas donné sa valise !

— Et les billets sont dans la valise ? demande Jaz.

— Oui-oui-oui !

— Je crois que je commence à comprendre... Dis-moi, Toc-Toc, elles sont comment les marionnettes de Papi Barzini ?

— Su-su-super ! Elles bougent, elles parlent, elles volent...

comme moi ! Mais faut pas le dire, c'est un secret !

Jaz claque des doigts.

— Bien sûr ! Nous tenons notre voleur ! Cet homme utilise des marionnettes magiques pour cambrioler banques et bijouteries ! Je n'ai plus qu'à aller l'arrêter. Merci, Toc-Toc.

Grand-mère Agathe est toute pâle.

— Oh, là, là ! Dire que mon petit chéri était entre les griffes d'un dangereux malfaiteur !

Désastre prend Toc-Toc par la main.

— Viens, mon vieux. Je vais m'occuper de toi. Tu vas voir : la machine à rétrécir de grand-père va te redonner ta taille normale.
Toc-Toc ne veut pas le suivre.
— Rétrécir ? Ça va pa-pa-pas ? J'suis déjà tout p'tit !
— T'inquiète pas. Cette machine à rétrécir, elle fait devenir les trucs tout grands !
— J'y comprends rien-rien-rien !
— Laisse, tu vas voir !
Dans le labo, Désastre vise Toc-Toc avec le rayon et... zzzz ! le mini-fantôme retrouve sa taille.
— Su-su-super ! Faudrait le faire avec des bonbons !

Toc-Toc a rapporté la valise pleine de billets au manoir. Jaz a enfin compris qui était son voleur ! Il n'a plus qu'à aller arrêter Mattéo...

Chapitre 8

Pauvres marionnettes !

Le lendemain, après toutes ces émotions, la famille est tranquillement installée dans la grande salle du manoir.

— Alors, oncle Jaz, tu as arrêté le voleur ? demande Tobi.

— Oui, Mattéo est en prison.

— Et Papi Barzini ? s'inquiète Toc-Toc.

— Le pauvre, il n'était pas au courant. Il était furieux que Mattéo ait utilisé ses marionnettes magiques pour commettre des vols.

— Quelle crapule ! s'exclame grand-père Hercule.

— Heureusement, tout est rentré dans l'ordre, explique Jaz. J'ai rendu les billets volés au commissaire Doug. Le méchant est sous les verrous et Papi Barzini pourra continuer son spectacle tranquille !

Toc-Toc soupire :

— Moi, j'aimerais bien revoir mon ami Pie-pie-pierrot...
Tobi se met à rire.
— Arrête, Toc-Toc. On sait bien que c'est Colombine que tu as envie de revoir !
Désastre renchérit :

— Ouais, Toc-Toc, il est amoureux !
Jaz se lève et fait signe aux petits fantômes de le suivre.
— Venez ! J'ai une surprise pour vous.
— C'est quoi-quoi-quoi ?
— En voiture ! On va chercher

Pierrot, Colombine et Guignol au théâtre ! On va les inviter pour le goûter.

Alice la gentille sorcière saute de joie.

— Youpi ! On va quand même voir les marionnettes !

Grand-mère Agathe met son tablier de cuisine.

— Excellente idée ! Je vais préparer une bonne tarte aux chauve-souris pour vos petits amis !

Tobi t'explique les **mots** compliqués :

Des **guenilles**, ce sont des habits vieux et abîmés.

Être **rouge d'indignation**, c'est être rouge de colère parce qu'on est révolté par quelque chose.

Les **coulisses**, c'est la partie du théâtre située derrière le décor, où les spectateurs n'ont pas le droit d'entrer.

La **loge**, c'est l'endroit où les artistes se préparent avant le spectacle.

La **répétition**, c'est le moment où les comédiens s'entraînent à dire leur texte avant le spectacle.

Un **pic**, c'est une haute montagne pointue.

Un **cap** et une **péninsule**, ce sont des pointes de terre qui avancent dans la mer.

Cyrano est un personnage de théâtre. Il compare son nez à un pic, un cap, une péninsule car il est très long et pointu.

Un **associé**, c'est quelqu'un qui travaille avec quelqu'un d'autre sur les mêmes affaires.

Esprit Fantômes

Intrigues, suspens, éclats de rires et frissons au programme !

Si tu as aimé “Le secret des marionnettes”, tu aimeras aussi “Le livre magique”, “Le voleur de fantômes”, “La statuette ensorcelée”, “Le prisonnier du tableau” et “Panique au cirque”.

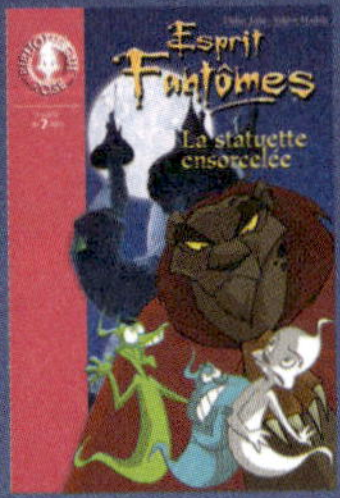

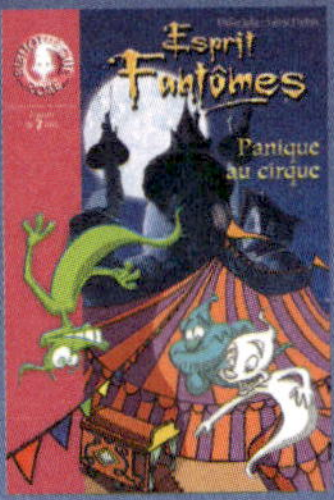

TF1 Vu à la télé !

Retrouve tes héros préférés en vidéo !
Ils vont te faire frissonner de rire !
Esprit Fantômes
Vol. 1
Enquêtes et sorcellerie !
Esprit Fantômes
Vol. 2
À la poursuite de Lucie !
Sortie en DVD VIDEO et VHS
Carrere Group
La Coloniale
TF1 Vidéo

Table

Imprimé en France par ***Partenaires-Livres***® JL
dépôt légal n° 58048 – mai 2005
20.20.1034.01/6 – ISBN 2-01-201034-2
Loi n° 49-956 du 16 juillet 1949
sur les publications liées à la jeunesse